الطبعة العربية الأولى عام ٢٠١٨

دار جامعة حمد بن خليفة للنشر
صندوق بريد ٥٨٢٥
الدوحة، دولة قطر

www.hbkupress.com

الترقيم الدولي: ٩٧٨٩٩٢٧١٢٩٠٩٤

مكتبة قطر الوطنية بيانات الفهرسة– أثناء– النشر (فان)

خطيب ، بسمة ، مؤلف.

الفراولة لا تنبت حمراء / تأليف بسمة الخطيب ؛ رسوم سالم مذكور. – الطبعة العربية الأولى.

الدوحة : دار جامعة حمد بن خليفة للنشر ، 2018.

صفحة ؛ سم . – (سلسلة أسرتي الذكية)

تدمك : 978-9927-129-09-4

1. الصبر -- قصص الأطفال. ب. مذكور، سالم ، رسام. ج. العنوان.

PZ10.731 K43 2018

892.737 – dc23

201826848739

سلسلة أسرتي الذكية

الفراولة لا تنبتُ حمراء

تأليف: بسمة الخطيب

رسوم: سالم مذكور

ذاتَ صباحٍ، صاحَ يوسفُ غاضبًا: «قمقمُ معجونِ الأسنانِ لا يفتحُ، ولَوحي الإلكترونيُّ ضائعٌ، يا لهُ من يومٍ تعيسٍ! لماذا أنا سيِّئُ الحظِّ!».

فتحَتْ أُمِّي القمقمَ بتأنٍّ، وقالَتْ له: «لو أنَّكَ تتصرّفُ بهدوءٍ وصبرٍ لما سبَّبْتَ هذهِ الفوضى!».

بعدَ دقائقَ، صاحَ يوسفُ منَ الحمَّامِ: «المياهُ باردةٌ! فتحْتُ الصُّنبورَ وانتظرتُ... ولكنَّها بقيَتْ باردةً... لماذا لا تكونُ الأمورُ سهلةً وسريعةً كالألعابِ على شاشةِ اللَّوحِ الالكترونيِّ، أضغطُ عليها فتعملُ فورًا».

أُمِّي: «لأنَّ الحياةَ ليسَتْ شاشةً الكترونيةً تعملُ باللمسِ».

بدَتْ أمِّي متضايقةً، فسألتُها عنِ السَّببِ، أجابَتْ: «أُفكِّرُ في طريقةٍ لتعليمِ أخيكِ الصَّبرَ والتَّحمُّلَ، كي ينجحَ في حلِّ مشاكلِهِ».

قلتُ لها بحماسةٍ: «سأفكِّر في خطَّةٍ أنا أيضًا»، وتابعتُ الإعتناءَ بورودِ الحديقةِ.

عادَ أبي من السُّوقِ، فسألَهُ يوسفُ متحمِّسًا: «هل اشتريتَ الفراولةَ؟».
أبي: «آسفٌ، لم أجدْها، غدًا أشتريها».

قالَ يوسفُ غاضبًا: «الغدُ؟ ألا يفهمُ باعةُ الفراولةِ أنّني أُريدُها حالًا».

خطرَتْ لي فكرةٌ، وقرَّرتْ أن أخبِرِ والدَيَّ عنْها.

في اليومِ التَّالي، سألَ يوسفُ عن الفراولةِ.
أجابَتْهُ أمِّي: «للأسفِ، انقطعَتْ منَ السُّوقِ».
صرخَ يوسفُ: «ماذا؟».
أُمِّي: «لا تغضبْ، الغضبُ لن يُنبِتَ الفراولةَ».

تدخَّلْتُ: «ما رأيكُما لو زرعْنا الفراولةَ؟».
أُمِّي: «فكرةٌ ممتازةٌ! نزرعُها ونأكلُها حينَ نُريدُ».

شاركَ يوسفُ في زراعةِ بذورِ الفراولةِ، وسقاها يومًا بعدَ يومٍ، ولكنَّها لم تنبُتْ بسرعةٍ.

صاحَ يوسفُ: «لم تنبُتْ بعدُ! هذا أمرٌ لا يُطاقُ! لماذا لا تنبتُ مثلَ هذهِ الورودِ؟».

أجبتُ: «زَرَعنا الورودَ قبلَ شهورٍ».

أُمِّي: «اصبرْ! ستنبُتُ قريبًا».

بعدَ أيَّامٍ، نبتَتْ شتلاتُ الفراولةِ الصَّغيرةُ، وراحَتْ تكبُرُ ببطءٍ، ثمَّ أزهرَتْ زهورًا جميلةً.

وبعدِ أيَّامٍ أُخرى، تحوَّلَت الزُّهورُ إلى ثمارٍ خضراءَ اللَّونِ.

أخبره أبي أنَّ عليه أن ينتظرَ المزيدَ منَ الوقتِ.

حينَ بدأتْ ثمارُ الفراولةِ تنضجُ وتتحوَّلُ إلى اللَّونِ الورديِّ، فرِحْتُ بها وصوَّرتُها، ولكنَّ يوسفَ بقيَ غاضبًا.

قالَتْ أُمِّي: «الفراولةُ لا تنبُتُ حمراءَ وكبيرةً.
هلْ وُلِدْتَ أنتَ كبيراً؟ ألَمْ تكُنْ رضيعًا؟ ثمَّ اعتنَينا بكَ لتنمو».

اقتنعَ يوسفُ بكلامِها، ولكنَّهُ بقيَ يشعرُ بالإحباطِ.

في يومٍ مشمسٍ، نادَيتُ: «يوسف!! الفراولةُ».

ركضَ يوسفُ نحوَ حبَّاتِ الفراولةِ، وهتفَ:
«نضَجَتْ!
كم تبدو شهيَّةً! وأخيراً».

تحلَّقَتْ عائلتي حولَ الفراولةِ بسعادةٍ.

قالَتْ أُمِّي: «أرأيتُما؟ أخذَتْ وقتَها فأعطَتْنا هذهِ الثِّمارَ الرَّائعةَ».

يوسفُ: «صحيحٌ. زراعةُ الفراولةِ ليسَتْ لعبةً إلكترونيةً، ولا تعملُ باللَّمسِ!».

بينما كنَّا نصنَعُ مُربَّى الفراولةِ، كدتُ أفقدُ صبري، قلتُ لماما بحماسة: «متى ستنضج؟ لا يمكنني الإنتظارُ أكثر!».

قالَ يوسفُ مُمازحًا: «تمهَّلي، وكوني صبورةً مثلي، فحتىَّ الفراولةُ لا تنبتُ حمراءَ!».

ضحِكنا لقولِه، وتابعنا تحضيرَ المُربَّى اللَّذيذةِ.